Kirstin und Silke Jansen

Kerzen-Gel

Verblüffende Ideen

frechverlag

Von Kirstin und Silke Jansen sind im frechverlag folgende Bücher erschienen:

TOPP 2167

TOPP 2447

TOPP 2578

Wir bedanken uns bei der Firma Glorex, Rheinfelden, für die hilfreiche Unterstützung.

Fotos: frechverlag GmbH + Co. Druck KG, 70499 Stuttgart;
Fotostudio Ullrich & Co., Renningen

Auflage	5.	4.	3.	2.	1.	Letzte Zahlen
Jahr	2004	2003	2002	2001	2000	maßgebend

frechverlag GmbH + Co. Druck KG, 70499 Stuttgart

ISBN 3-7724-2609-3 · Best.-Nr. 2609

Druck: frechverlag GmbH + Co. Druck KG, 70499 Stuttgart

Kerzen werden in den verschiedensten Situationen verwendet: bei einem Gartenfest, an einem kalten Winterabend, bei einem romantischen Abendessen oder einfach nur als Dekoration. Noch schöner ist der Anblick einer Kerze, wenn sie selbst gestaltet wurde.

Mit dem transparenten Kerzen-Gel eröffnen sich Ihnen völlig neue Gestaltungsdimensionen.

Mit unseren Ideen in diesem Buch bieten wir Ihnen viele Anregungen zum Herstellen von originellen, romantischen und dekorativen Kerzen. Sie werden überrascht sein, wie einfach und mit wenig Aufwand Sie alle Modelle selbst herstellen können.

Auch als ein ganz persönliches Geschenk für den Computer-Freak, den Handwerker oder den Mexiko-Fan kommen Kerzen aus Kerzen-Gel immer gut an!

Viel Spaß beim Gießen und Gestalten
wünschen Ihnen
Kirstin und Silke Jansen

Grundausstattung

- *Farbloses Kerzen-Gel*
- *Evtl. Färbeplättchen*
- *Bereits eingefärbtes Kerzen-Gel*
- *Kanne aus Metall oder Jenaglas mit Ausgussrille*
- *Topf mit Wasser*
- *Löffel*
- *Dekorative Glasgefäße*
- *Gewachste Flachdochte*
- *Stricknadel*

Und so wird's gemacht

Schmelzen

Erhitzen Sie das Kerzen-Gel in einer Kanne im Wasserbad. Der Schmelzpunkt liegt bei 90°C - 100°C. Durch langsames Umrühren der Gelmasse können Sie feststellen, ob das Kerzen-Gel geschmolzen ist. Wenn die Masse vollständig flüssig ist, lassen Sie sie wieder etwas abkühlen. Das Kerzen-Gel wird im zähflüssigen Zustand gegossen, da dadurch Blasen vermieden werden. Auch leichte Gegenstände lassen sich dann besser einschließen.

Einfärben

Das Kerzen-Gel wird im flüssigen Zustand gefärbt. Da die Farbplättchen sehr farbintensiv sind, sollten Sie diese einzeln und nacheinander dazugeben. Rühren Sie das Kerzen-Gel solange um, bis sich die Farbe gleichmäßig verteilt hat.

Bereits eingefärbtes Gel wird einfach wie oben beschrieben erhitzt.
Das Mischen von Kerzen-Gel ist ohne Probleme möglich. Hell-Dunkel-Abstufungen erzielen Sie durch das Zugeben von mehr oder weniger farblosem Kerzen-Gel. In den Materiallisten sind stets die bereits gemischten Farben angegeben.

Docht einsetzen

Das Kerzen-Gel wird am wenigsten beschädigt, wenn Sie den gewachsten Docht kurz vor dem Erstarren der Masse einstecken.

Dies ist allerdings nur möglich, wenn die Kerze in einem Stück gegossen wurde. Wenn Sie jedoch mehrere Schichten gegossen haben, so sollten Sie mit dem Einsetzen warten, bis das Gel vollkommen erkaltet ist. Durchstechen Sie mit einer heißen Stricknadel die Masse und setzen Sie anschließend den Docht ein. Jetzt muss der Docht nur noch ca. 1 cm oberhalb der Kerzen-Geloberfläche abgeschnitten werden. Die Anzahl der einzusetzenden Dochte variieren Sie je nach der Oberflächengröße der Kerze.

Achtung: Bitte beachten Sie, dass einige eingegossene Materialien, wie z. B. getrocknete Blüten oder Holzteile, brennbar sind. Diese müssen dann, bevor die Flamme sie erreicht, entfernt werden. Dem können Sie vorbeugen, indem Sie den Docht nicht in die Nähe solcher brennbaren Materialien setzen, bzw. indem Sie den Docht nicht bis zum Kerzenboden durchstechen und einige Zentimeter über dem brennbaren Objekt enden lassen.

Maritimes

Seestern-Schale

- *Kerzen-Gel, farblos*
- *Seestern*
- *Verschiedene Muscheln*
- *Sand*
- *Schokolinsen in Orange*
- *Künstliches Gras*

Bedecken Sie den Boden reichlich mit Sand. Die anderen Objekte werden wie auf dem Foto arrangiert und mit Kerzen-Gel übergossen.

Muschel-Vase (ganz links)

- *Kerzen-Gel in Hellblau*
- *Muschel*
- *Murmel in Beige*
- *Sand*
- *Künstliches Gras*

Füllen Sie Sand in das Glas und dekorieren Sie die restlichen Objekte wie auf dem Foto. Achten Sie darauf, dass die Muschel und das Gras im Sand stecken, damit sie beim Gießen nicht nach oben schwimmen. Nun wird das Glas mit dem Kerzen-Gel gefüllt.

Sitzender Fisch (unten Mitte)

- *Kerzen-Gel, farblos*
- *Glasfisch*
- *Sand*
- *Stein*
- *Künstliches Gras*

Bedecken Sie den Boden mit dem Sand und arrangieren Sie den Fisch, den Stein und das Gras wie auf dem Foto. Zuletzt wird die Unterwasserwelt mit farblosem Gel eingeschlossen.

Schwimmender Fisch und Seepferdchen (oben)

- *Kerzen-Gel in Hellblau*
- *Glastiere*
- *Sand*

Stellen Sie die Glastiere in den Sand und übergießen Sie diese mit dem Kerzen-Gel.

Fischglas (unten rechts)

- *Kerzen-Gel in Blau*
- *Glasform Fisch*

Gießen Sie das blaue Gel in die Glasform.

Lauter süße Sachen...

Ein Süßwarenladen ist eine echte Fundgrube für originelle Ideen nicht nur für Naschkätzchen!

Orange

- *Kerzen-Gel, farblos und in Orange*
- *Gummibärchen in Gelb, Orange und Rot*

Legen Sie Gummibärchen auf den Boden und übergießen Sie sie mit dem farblosen Gel, bis das Glas ca. 3/4 voll ist. Nach dem Erstarren wird das Glas mit dem orangefarbenen Kerzen-Gel aufgefüllt.

Gelb

- *Kerzen-Gel, farblos*
- *Schokolinsen in Gelb und Orange*
- *Lakritzstäbchen in Gelb und Orange*

Übergießen Sie die am Boden liegenden Schokolinsen und Lakritzstäbchen mit dem farblosen Kerzen-Gel.

Rot

- *Kerzen-Gel, farblos und in Rot*
- *Himbeerbonbons*

Legen Sie die Bonbons in das Glas und übergießen Sie diese mit dem farblosen Gel, bis das Glas ca. 3/4 voll ist. Nach dem Erstarren wird das Glas mit dem roten Kerzen-Gel aufgefüllt.

Blau

- *Kerzen-Gel, farblos und in Blau*
- *Lakritzstäbchen in Blau, Weiß und Schwarz*

Beachten Sie bitte, dass hier in drei Schichten gegossen wird und jede Schicht vor dem Weitergießen erstarrt sein muss. Gießen Sie farbloses Gel bis zur Hälfte des Glases ein und legen Sie mehrere Lakritzstäbchen hinein. Nun wird eine 1 cm - 2 cm dünne Schicht blaues Kerzen-Gel darüber gegossen. Anschließend füllen Sie den Rest des Glases mit farblosem Gel und legen die restlichen Stäbchen hinein.

In die kleinen Glasgefäße wurde orangefarbenes, rotes und blaues Kerzen-Gel gegossen.

TIPP:
Überflüssiges Gel können Sie auch in kleine Teelichter gießen.

Viva Mexiko!

Chilis

- *Kerzen-Gel, farblos*
- *Getrocknete Chilischoten*
- *Weiße Bohnen*
- *Linsen*

Bedecken Sie den Boden mit Bohnen und streuen Sie die Linsen in die Lücken. Die Chilischoten werden darauf gelegt und alles wird mit dem Gel übergossen. Die aufsteigenden Schoten können mit einer Stricknadel noch arrangiert werden.

Tonkrüge

- *Kerzen-Gel, farblos*
- *Roter Sand*
- *Kleine Tonkrüge*
- *Weißer Stein*
- *Gepresster Farn*

Streuen Sie den Sand auf den Boden und arrangieren Sie die Krüge und den Stein. Der Farn wird hinter dem Stein platziert. Anschließend füllen Sie das Glas mit Kerzen-Gel auf.

TIPP:
Einfach zu verarbeiten sind auch getrockneter Mais und trockene Kidneybohnen.

Romantik im Kerzenschein

(Anleitungen Seite 14)

Romantik im Kerzenschein

(Abbildung Seite 12/13)

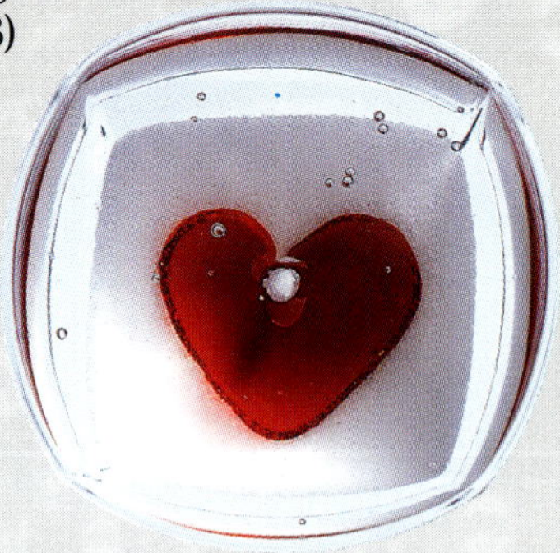

Herz in Salz

- *Kerzen-Gel, farblos*
- *Rotes Glasherz*
- *Salz*

Legen Sie das Herz in die Mitte des Glases auf das Salz. Nun muss nur noch das Gel darüber gegossen werden.

Schale (ganz links)

- *Kerzen-Gel, farblos*
- *Porzellan-Puppenkopf*
- *Rote Nuggets*
- *Getrocknete Rose*
- *Bänder in Dunkelrot*

Füllen Sie die Schale bis zur Hälfte mit dem Gel und lassen Sie dieses dann vollkommen erkalten. Der Puppenkopf, die Rose und die Nuggets werden wie auf dem Foto in der Schale dekoriert. Füllen Sie die Schale mit sehr zähflüssigem Gel auf. Zuletzt werden die Bänder am Schalenfuß angebracht.

Herzglas (vorne links)

- *Kerzen-Gel in Rot*
- *Glasherz*

Gießen Sie das Gel in die Form.

Rosenblätter (hinten Mitte)

- *Kerzen-Gel, farblos*
- *Getrocknete Rosenblätter*
- *Getrocknete Rose*

Legen Sie die Rosenblätter in die Vase und gießen Sie das Gel darüber, bis die Blätter bedeckt sind. Erst wenn das Gel vollkommen erkaltet ist, wird die Rose dazugelegt und die Vase mit dem Kerzen-Gel aufgefüllt.

Hochzeit (vorne rechts)

- *Kerzen-Gel, farblos*
- *Dekogranulat in Rot*
- *Weiße Herzen*
- *Bänder in Weiß, Dunkelrot und Creme*

Legen Sie die Herzen auf das Granulat und füllen Sie das Glas mit dem Kerzen-Gel auf. Nach dem Erkalten werden die Bänder wie auf dem Foto um das Glas gebunden.

Rose (ganz rechts)

- *Kerzen-Gel, farblos*
- *Getrocknete Rose*
- *Bänder in Dunkelrot*

Die Rose wird mit dem Kerzen-Gel eingeschlossen. Nach dem Erkalten werden die Bänder wie auf dem Foto arrangiert.

TIPP:
Leichte Gegenstände, wie z. B. Rosen und Holzteile, schwimmen nicht nach oben, wenn sie zuvor in einer erkalteten Schicht Gel fixiert wurden.

Gel à la cuisine

(Abbildung Seite 16/17)

Schütte (ganz links)

- *Kerzen-Gel, farblos*
- *Glas-Schütte*
- *Salz*

Füllen Sie in die Schütte Salz und gießen Sie sie mit Gel auf.

Teeglas (oben links)

- *Kerzen-Gel, farblos*
- *Teeglas*
- *Teelöffel*
- *Brauner Kandiszucker*

Füllen Sie einige Stücke Kandiszucker in das Glas und stellen Sie den Löffel hinein. Nun wird das Glas mit dem Gel aufgefüllt.

Teig (unten links)

- *Kerzen-Gel, farblos und in Gelb*
- *Salz*
- *Kochlöffel*
- *Messschaufel*
- *Eierbecher*

Gießen Sie das gelbe Wachs in den Eierbecher. Das Salz wird als Mehl in unregelmäßigen Haufen in die Glasschale gefüllt. Das erstarrte gelbe Wachs legen Sie nun als Eidotter in das Mehl. Arrangieren Sie den Kochlöffel und die Messschaufel wie auf dem Foto. Beim Auffüllen mit dem farblosen Kerzen-Gel müssen Sie darauf achten, dass die Masse sehr zähflüssig ist, damit das gelbe Wachs nicht anschmilzt.

Einmachglas (oben Mitte)

- *Kerzen-Gel, farblos*
- *Einmachglas*
- *Getrocknete Aprikosen*
- *Bänder in Blau und Blau-Weiß kariert*

Geben Sie die Aprikosen in das Glas und füllen Sie dieses mit Gel auf. Nach dem Abkühlen des Gels werden die Bänder wie auf dem Foto um das Glas gebunden.

Karotte (unten rechts)

- *Kerzen-Gel, farblos*
- *Dekogranulat in Orange*
- *Zitronenreibe*
- *Pappmaché-Karotte*

Legen Sie die Reibe in das eingefüllte Granulat und gießen Sie anschließend die Schale mit Gel auf. Die Karotte wird in die sehr zähflüssige Masse gelegt.

Messgefäß mit Kochlöffel
(oben rechts)

- *Kerzen-Gel, farblos*
- *Messgefäß oder Glasvase*
- *Milchreis*
- *Kleiner Kochlöffel*
- *Bänder in Blau, Weiß und Blau-Weiß kariert*

Füllen Sie das Messgefäß zu 1/3 mit dem Reis und gießen Sie es mit Kerzen-Gel auf. Nach dem Abkühlen wird der Kochlöffel mit den Bändern wie auf dem Foto am Messgefäß festgebunden.

TIPP:
Eine hübsche Geschenkidee für Teeliebhaber ist ein Gel-Teeglas und ein Päckchen echter Tee!

Gel à la cuisine

(Anleitungen Seite 15)

Ein Drink gefällig?

Martini

- *Kerzen-Gel, farblos*
- *Martiniglas*
- *Grüne Murmel*

Legen Sie die Murmel als Olive in das Glas und gießen Sie das Gel darüber.

Cola

- *Kerzen-Gel, farblos und in Braun*
- *Colaglas*
- *Eiswürfelform*

Gießen Sie das farblose Gel in die Eiswürfelform und lassen Sie diese vollkommen erkalten. Das braune Kerzen-Gel wird in das Colaglas gefüllt. Kurz vor dem Erstarren werden die „Eiswürfel" hinzugegeben.

TIPP:
Gut ankommen wird der „Gel-Martini" in Verbindung mit einer echten Flasche Martini!

TRINK
Coca-Cola
LIMONADE
KOFFEINHALTIG
Coca-Cola
TÖRV. VÉDVE

Bunt gemischt

Blaue Murmeln (unten links)
- *Kerzen-Gel in Hellblau*
- *Verschiedene Murmeln*

Legen Sie die Murmeln in das Glas und schließen Sie diese mit Gel ein.

Gelbe Murmeln (oben links)
- *Kerzen-Gel in Gelb*
- *Salz*
- *Blaue Murmeln*
- *Grüne Nuggets*

Legen Sie die Murmeln und die Nuggets in das Salz und füllen Sie das Glas mit gelbem Kerzen-Gel auf.

Murmeln im Salz (unten rechts)
- *Kerzen-Gel, farblos*
- *Salz*
- *Rot-gelbe Murmeln*

Legen Sie die Murmeln in das Salz und gießen Sie das Gel darüber.

Leuchtende Sterne (oben rechts)
- *Kerzen-Gel in Hellblau*
- *Leuchtsterne*

Diese Kerze wird in mehreren Schichten gegossen, wobei jede einzelne Schicht vollkommen erkalten muss, bevor Sie die nächste aufgießen. Vor dem Gießen einer Schicht setzen Sie einen Stern in das Glas. Die Sterne leuchten gemeimnisvoll im Dunkeln (siehe kleines Bild).

Frischer Frühling

(Anleitungen Seite 24)

Frischer Frühling

(Abbildung Seite 22/23)

Frosch

- *Kerzen-Gel in Hellblau*
- *Glasfrosch*
- *Sand*
- *Linsen*
- *Steine*
- *Künstliches Gras*

Der Boden der Schale wird mit Sand bedeckt. Anschließend arrangieren Sie die Steine, die Linsen, das Gras und den Frosch wie auf dem Foto. Zuletzt wird noch das Gel darüber gegossen.

Ranunkel (ganz links)

- *Kerzen-Gel in Hellgrün*
- *Gepresste Ranunkel*

Gießen Sie das Gel in das Glas. Nachdem das Gel etwas abgekühlt ist, setzen Sie die Ranunkel mithilfe einer Stricknadel an den inneren Glasrand.

Gesteck

- *Kerzen-Gel, farblos*
- *Ähre*
- *Gepresste Ranunkel*
- *Trockenblume*
- *Golddraht*
- *Dekogranulat in Gelb und Orange*
- *Bänder in Gelb und Orange*

Bedecken Sie den Boden des Glases mit gelbem und orangefarbenem Dekogranulat. Die beiden Blumen und die Ähre werden mit dem Golddraht zusammengebunden und am Glasinnenrand in das Granulat gesteckt. Nun wird das Ganze mit dem Kerzen-Gel eingeschlossen. Nach dem Erkalten des Gels werden die Bänder wie auf dem Foto am Glas angebracht.

Stiefmütterchen

- *Kerzen-Gel, farblos und in Violett*
- *Gepresstes Stiefmütterchen in Gelb/Violett*

Gießen Sie eine 2 cm dünne Schicht violettes Kerzen-Gel und sofort danach das farblose Gel in das Glas. Dadurch entsteht ein gleichmäßiger Farbverlauf. Warten Sie, bis das Gel ein wenig abgekühlt ist, und fügen Sie dann mit einer Stricknadel das Stiefmütterchen ein.

Ente (ganz rechts)

- *Kerzen-Gel, farblos*
- *Terrakotta-Ente*
- *Dekogranulat in Grün oder Gelb*

Die Ente wird in das Granulat gesetzt und mit dem Gel übergossen.

It's tooltime!

(Anleitung Seite 26)

It's tooltime!

Werkzeugmix (Abbildung Seite 25)

- *Kerzen-Gel, farblos*
- *Salz*
- *Dekogranulat in Hellblau*
- *Werkzeugmix, z. B. Schrauben, Schraubenschlüssel, Muttern, Metallkugeln usw.*

Mischen Sie das Salz mit ein wenig Granulat und füllen Sie es in ein Glasgefäß. Nachdem Sie das Werkzeug platziert haben, wird es mit Kerzen-Gel übergossen.

Taschenuhr

- *Kerzen-Gel, farblos*
- *Alte Taschenuhr*
- *Dekogranulat in Hellblau und Dunkelblau*

Legen Sie die Uhr leicht schräg in das Granulatgemisch und übergießen Sie alles mit Gel.

Glühbirnen

- *Kerzen-Gel, farblos*
- *Kleine Glühbirnen*
- *Dekogranulat in Hellblau und Dunkelblau*

Stecken Sie die Birnen in das Granulatgemisch und füllen Sie das Glas mit Kerzen-Gel auf.

Lötplatine

- *Kerzen-Gel, farblos*
- *Salz*
- *Lötplatine*
- *Kleiner Schraubenzieher*
- *Kleine Schrauben*

Legen Sie die Platine in die Schale mit Salz und arrangieren Sie den Schraubenzieher. Nun platzieren Sie noch ein paar Schrauben und übergießen alles mit Gel.

TIPP:
Auf Flohmärkten können Sie viele alte Dinge aufstöbern. Dort bekommt man auch preisgünstig tolle Gläser und Schalen.

U14
80
51
50
100
RP3
KJE

Winterzeit

Gold-Tannenbäume

- *Kerzen-Gel, farblos und in Rot*
- *Kerzensand in Weiß oder Salz*
- *Gold-Tannenbäume*

Gießen Sie ca. 1/3 des Glases mit dem roten Gel auf und lassen Sie es vollkommen erkalten. Nun wird eine 1 cm dicke Schicht Kerzensand oder Salz auf das rote Gel gegeben und die Tannenbäume werden am Glasinnenrand wie auf dem Foto arrangiert. Das farblose Kerzen-Gel muss sehr vorsichtig darüber gegossen werden. Nach dem Erkalten des farblosen Gels füllen Sie den Rest des Glases mit rotem Gel auf.

Schneemann

- *Kerzen-Gel, farblos*
- *Kleiner Schneemann*
- *Tannenbäume*
- *Salz*
- *Silberflitter*

Bedecken Sie den Glasboden mit Salz und formen Sie dabei kleine Hügel. Bäume und Schneemann werden wie auf dem Foto in die „Schneelandschaft“ hineingestellt. Nun wird alles mit Silberflitter bestreut und anschließend mit Gel übergossen.

Schaukelpferd

- *Kerzen-Gel, farblos*
- *Schaukelpferd*
- *Dekogranulat in Rot*
- *Große und kleine Goldsterne*

Setzen Sie das Pferd in das Granulat und verteilen Sie einige Goldsterne auf dem Boden. Nun muss das Glas nur noch mit Kerzen-Gel aufgefüllt werden.

Silbersterne

- *Kerzen-Gel, farblos*
- *Dekogranulat in Hell- und Dunkelblau*
- *2 dicke Silbersterne*
- *Bänder in Blau*

Legen Sie einen Stern in das Granulatgemisch und übergießen Sie das Ganze mit dem Gel. Nach dem Erkalten werden die Bänder mit dem anderen Stern wie auf dem Foto angebracht.

Pinguin

- *Kerzen-Gel in Hellblau*
- *Salz*
- *Plätzchenform „Pinguin"*
- *Wachsplatten in Weiß und Schwarz*
- *Messer*

Stechen Sie den Pinguin mit der Plätzchenform aus der schwarzen Wachsplatte aus. Der Bauch wird mit einem Messer aus dem weißen Wachs herausgeschnitten und anschließend auf den Pinguin gesetzt. Füllen Sie das Glas mit etwas Salz und drücken Sie den Pinguin am inneren Glasrand fest. Nun muss nur noch das Gel in das Glas gegossen werden. Achten Sie darauf, dass die Masse sehr zähflüssig ist, damit der Pinguin nicht anschmilzt.

TIPP:
Auch mit anderen Plätzchenformen und den entsprechenden Wachsplatten können Sie originelle Kerzen kreieren.

Leuchtende Faserseide

(Anleitungen Seite 32)